영문으로 만나는 1일 1문장

어린 왕자가
건네는 말

GBB

어린 왕자의 눈을 간직한

_____ 에게

의미 있는 관계로
안내하는
어린 왕자
책 속의 말들!

참된 우정과 사랑이 빚어내는
아름다운 세계를
어린 왕자의 시적인 언어로
만나보세요.

어린 왕자는 모든 고독을 달래주고,
세상의 장엄한 신비를 이해하게끔 인도하는
위대한 시인의 메시지다.
- 마르틴 하이데거

All grown-ups were once children.
(Although few of them remember it.)

어른들은 누구나 다 처음에는 어린아이였다.
(그러나 그것을 기억하는 어른은 거의 없다.)

Date _____ . _____ . _____ .

I showed my masterpiece to the grown-ups and asked them whether the drawing frightened them. But they answered: "Frighten? Why should anyone be frightened by a hat?"

나는 내 그림을 어른들에게 보여주며 무섭지 않느냐고 물었다.
하지만 어른들은 "모자가 뭐가 무섭다는 거냐?"고 되물었다.

누구에게나 존재의 빛을 발견할 수 있는 어린아이의 눈이 있어요.
다만, 그 눈이 가려져 있다는 걸 모를 뿐이지요.

Date _____ . _____ . _____ .

I drew the inside of the boa constrictor, so that the grown-ups could see it clearly. They always need to have something explained.

나는 어른들이 이해할 수
있게 보아뱀의 뱃속을
다시 그렸다. 어른들에게는
늘 설명을 해줘야만 한다.

허영, 가식, 겉치레만 좇는 사람을
내면의 세계에 눈뜨게 하려면 어떻게 해야 할까요?

Date _____ . _____ . _____ .

The grown-ups' response, this time,
was to advise me to lay aside my drawings
of boa constrictors, whether from the inside
or the outside, and devote myself instead to
geography, history, arithmetic, and grammar.

어른들은 속이 보이든, 보이지 않든 보아뱀을 그리는 것을 집어치우고
차라리 지리, 역사, 산수, 문법에나 관심을 가지라고 충고했다.

눈에 보이는 게 전부라고 믿는 사람들은 눈에 보이지 않는
것에는 관심이 없는 것 같아요.

Date _____ . _____ . _____ .

Grown-ups never understand anything
by themselves, and it is tiresome for children
to be always and forever explaining things
to them.

어른들은 혼자서는 아무것도 이해하지 못한다.
그때마다 일일이 설명을 해줘야 하니
어린아이들로서는 피곤한 일이다.

Date _____ . _____ . _____ .

So I lived my life alone, with no one
I could really talk to, until I had an accident
with my plane in the Desert of Sahara,
six years ago.

나는 6년 전에 비행기 고장으로
사하라 사막에 불시착할 때까지 마음을 터놓고
이야기를 나눌 사람 없이 혼자 외롭게 살았다.

SNS에서 팔로워가 아무리 많아도 마음을 털어놓을
단 한 사람이 없다면 사막에 있는 것과 다름없지 않을까요?

Date _____ . _____

I had scarcely enough drinking water to last a week.

내게는 겨우 일주일치 마실 물밖에 남지 않았다.

극한의 상황에서 단 한 가지만 허락된다면 무엇을 택하겠어요?
생애 마지막 남은 일주일 동안 무엇을 하고 싶은가요?

Date _____ . _____ . _____ .

The first night, then, I went to sleep
on the sand, a thousand miles from any
human habitation. I was more
isolated than a shipwrecked sailor
on a raft in the middle of the ocean.

첫날 밤 나는 사람들이 사는 곳에서
수천 마일 떨어진 사막에서 잠이 들었다.
나는 바다 한가운데 떠 있는 뗏목 위의 표류자보다
더 고립되어 있었다.

Date _____ . _____ . _____

When a mystery is too overpowering,
one dare not disobey.

너무도 강렬한 신비스러운 일을 겪게 되면
누구나 거기에 순순히 따르게 된다.

길을 걷다가 콘크리트 틈 사이 작은 풀을 만날 때
나도 모르게 숙연해져요. 허리를 굽혀 눈을 맞추고
소중한 생명에 경의를 표하게 되지요.

"No, no, no! I do not want an elephant inside a boa constrictor. A boa constrictor is a very dangerous creature, and an elephant is very cumbersome. Where I live is very small. What I need is a sheep. Draw me a sheep."

"아니! 아니! 나는 보아뱀 속에 든 코끼리를 원하지 않아.
보아뱀은 아주 위험하고, 코끼리는 아주 거추장스러워.
내가 사는 곳은 아주 작거든. 나는 양이 필요해. 양 한 마리를 그려줘."

모자 그림을 보고 단박에 보아뱀임을 알아차린 어린 왕자처럼,
말하지 않아도 당신의 마음을 알아주는 사람이 있나요?

_____

_____

_____

_____

_____

_____

_____

Date _____ . _____ . _____ .

"This is only his box. The sheep you asked for is inside."

I was very surprised to see a light break over the face of my young judge:

"That is exactly the way I wanted it! Do you think that this sheep will need a great deal of grass?"

"I'm sure there will be enough grass for him. It is a very small sheep that I have given you."

"이건 상자야. 네가 원하는 양은 이 안에 들어 있어."
그러자 나의 어린 심판관의 얼굴이 환히 밝아지는 걸 보고 나는 깜짝 놀랐다.
"이게 바로 내가 원하던 거야! 이 양에게 풀을 많이 줘야 해?"
"거기 있는 걸로 아마 충분할 거야. 네게 준 건 아주 조그만 양이니까."

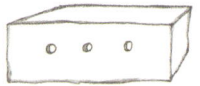

어릴 때는 돌멩이가 금은보화가 되고, 보자기가 마법의 망토가 되곤 했어요.
보이지 않는 세계에 대한 편견과 경계가 없던 그때가 그리워지네요.

Date _____ . _____ . _____ .

"So you, too, come from the sky!
Which is your planet?"
At that moment I caught a gleam of light
in the impenetrable mystery of his presence;
and I demanded, abruptly:
"So, you come from another planet?"

"그러니까 아저씨도 하늘에서 온 거네! 어느 별에서 왔어?"
나는 문득 그 아이의 존재의 신비로움에서
한 줄기 빛이 비치는 걸 깨닫고 불쑥 물었다.
"그럼 넌 다른 별에서 왔니?"

우리의 몸을 이루는 원소는 별들의 잔해라고 해요.
결국 우리 모두는 별에서 온 존재가 아닐까요?

Date _____ . _____ . _____ .

"That is so. And if you are good I will give you a string, too, so that you can tie him during the day, and a post to tie him to."
"Tie him! What a funny idea!"
"But if you don't tie him, he will wander off somewhere, and get lost."
Then the little prince said, seriously:
"That doesn't matter. Where I live is so small!"

"그렇고말고, 네가 착하게만 굴면,
밤에 양을 매놓을 수 있는 굴레를 줄게. 말뚝도 주고."
"매놓는다고? 참 이상한 생각이네……."
"하지만 매놓지 않으면 아무 데나 가서 길을 잃어버릴지도 모르는데……."
그러자 어린 왕자가 진지한 얼굴로 말했다.
"괜찮아, 내가 사는 곳은 아주 작으니까!"

마음을 단단히 매놓지 않아도 길을 잃을 염려가 없는 곳,
어린 왕자의 작은 별에 당신의 마음을 풀어놓아 보세요.

Date _____ . _____ . _____ .

If I have told you these details about the Asteroid B-612, and made a note of its number for you, it is on account of the grown-ups and their ways. The grown-ups love numbers.

내가 소혹성 B 612호에 대해
이렇게 자세히 이야기하고 번호까지 알려주는 것은 어른들 때문이다.
어른들은 숫자를 좋아한다.

오직 숫자만이 신뢰할 수 있는 세상의 기준이라고
생각하는 사람들이 있어요.
하지만 숫자로 세상의 모든 것을 평가할 수 있을까요?

Date _____ . _____ . _____

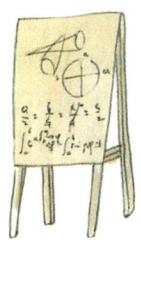

When you tell them that you have made a new friend, they never ask you about the essentials.
They ask you: "How old is he? How many brothers has he? How much does he weigh? How much money does his father make?" Only from these figures do they think they have learned anything about him.

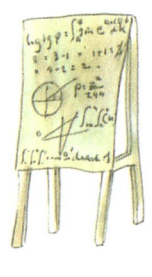

새로 사귄 친구 이야기를 어른들에게 하면
그들은 가장 중요한 것을 물어보는 적이 없다.
"그 애는 몇 살이니? 형제는 몇이고? 몸무게는? 아버지 수입은 얼마지?" 하고
묻는다. 그래야 그 애가 어떤 사람인지 알게 된다고 생각하는 것이다.

누군가를 알기 위해서 "그 친구 목소리는 어떠니? 어떤 게임을 좋아하니?
나비를 모으는 취미가 있니?"라는 질문을 해본 적이 있나요?

Date _____ . _____ . _____ .

If you were to say to the grown-ups:
"The proof that the little prince existed
is that he was charming, that he laughed,
and that he was looking for a sheep.
If anybody wants a sheep, that is a proof
that he exists." They would shrug their
shoulders, and treat you like a child.

"어린 왕자가 매력적이었고, 웃었고, 양 한 마리를 갖고 싶어 했다는 것이
그 아이가 이 세상에 있다는 증거야. 어떤 사람이 양을 갖고 싶어 한다면
그게 그 사람이 이 세상에 존재한다는 증거야."라고 말한다면,
어른들은 어깨를 으쓱해 보이고는 여러분을 어린아이 취급할 것이다.

Date _____ . _____ . _____

But certainly, for us who understand life,
figures are a matter of indifference.

하지만 삶을 이해하는 우리는 숫자 따위에 아랑곳하지 않는다.

살아가면서 깨닫게 되는 거 같아요.
숫자로 판단할 수 있는 것보다 그렇지 않은 것이 훨씬 많다는 것을.

Date _____ . _____ . _____

If I try to describe him here,
it is to make sure
that I shall not forget him.
To forget a friend is sad.

내가 그 아이를 묘사해보려고 애쓰는 것은
그 애를 잊지 않기 위해서다.
친구를 잊는다는 것은 슬픈 일이니까.

누군가 기억하는 한, 그 사람은 영원히 살아 있는 거예요.
그래서 사랑했던 존재를 잊지 않으려고 애쓰는 거고요.

Date _____ . _____ . _____

Not everyone has had a friend.
And if I forget him,
I may become like the grown-ups
who are no longer interested
in anything but figures ...

누구나 다 친구를 가져보는 것은 아니다.
그 아이를 잊는다면 나는 숫자 외에는 흥미가 없는 어른들과
같은 사람이 될지도 모른다.

친구를 가진다는 것은, 한 사람의 우주를
내 마음속에 받아들이는 일 같아요.

Date _____ . _____ . _____ .

But I, alas, do not know how to see sheep through the walls of boxes.
Perhaps I am a little like the grown-ups.
I have had to grow old.

불행하게도 나는 상자 안에 있는 양을 볼 줄 모른다.
나도 어쩌면 어른들과 조금은 비슷한지도 모르겠다.
아마 늙어버린 모양이다.

저 너머의 세계를 보는, 상상력의 눈이 가려질 때
비로소 나이 듦을 실감하게 되는 것 같아요.

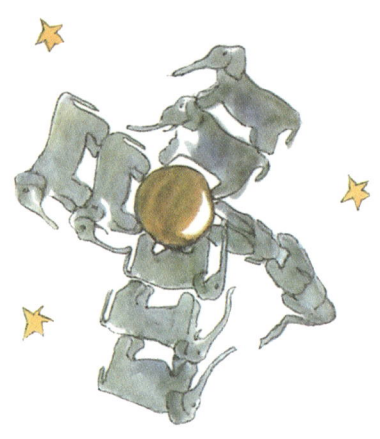

There were good seeds from good plants, and bad seeds from bad plants. But seeds are invisible.

좋은 풀의 좋은 씨앗과 나쁜 풀의 나쁜 씨앗이 있었다.
하지만 씨앗은 눈에 보이지 않는 법이다.

수많은 씨앗들이 바람을 타고 날아와 어느새 마음속에 자리를 잡아요.
나쁜 씨앗은 당신의 미움을 먹고 자라고, 좋은 씨앗은 사랑을 먹고 자랍니다.

Date _____ . _____ . _____ .

"You must see to it that you pull up regularly all the baobabs, at the very first moment when they can be distinguished from the rosebushes which they resemble so closely in their earliest youth."

"장미 덩굴과 구별할 수 있게 되면
규칙적으로 신경을 써서 바로바로 바오밥나무를 뽑아줘야 해.
바오밥나무가 아주 어릴 때는 장미와 비슷하거든."

나무는 하늘과 땅을 연결하는 생명체예요.
하지만 어린 왕자의 바오밥나무는 달라요. 작은 별을 점령해버리는
고집스런 존재니까요. 당신의 별에는 무엇을 심고 싶나요?

Date _____ . _____ . _____ .

"Sometimes, there is no harm in putting off a piece of work until another day. But when it is a matter of baobabs, that always means a catastrophe."

"할 일을 뒤로 미루는 것이 때로는 별일 아닐 수도 있어.
하지만 바오밥나무의 경우에 그랬다가는 큰 재난이 따를 거야."

마음속에 있는 나쁜 씨앗을 자주 골라내지 않으면 큰일이 나요.
깊이 뿌리를 내려 당신의 마음을 뒤흔드니까요.

Date _____ . _____ . _____ .

"I am very fond of sunsets.
Come, let us go look at a sunset now."

"나는 해질 무렵을 참 좋아해. 해지는 걸 보러 가자."

해가 떠 있는 시간은 눈으로 보는 세계이고,
해가 지는 시간은 마음으로 보는 세계예요.
그래서 어린 왕자는 일몰의 시간을 좋아했던 게 아닐까요?

Date _____ . _____ . _____

"One day, I saw the sunset forty-four times!
You know — one loves the sunset,
when one is so sad …"

"어떤 날은 해가 지는 걸 마흔네 번이나 보았어!
몹시 슬플 때면 해지는 풍경을 좋아하게 돼……."

한낮의 세상에선 볼 수 없는 것을 어둠 속에서 발견할 수 있어요.
어둠 속에는 수많은 것들이 숨겨져 있거든요.

Date _____ . _____ . _____ .

"The thorns are of no use at all. Flowers have thorns just for spite!"
"I don't believe you! Flowers are weak creatures. They are naive. They reassure themselves as best they can. They believe that their thorns are terrible weapons …"

"가시는 아무짝에도 쓸모가 없어. 꽃들이 괜히 심술부리는 거지."
"그건 거짓말이야! 꽃들은 연약해. 순진하고.
꽃들은 그들이 할 수 있는 방식으로 자신을 보호하는 거야.
가시가 있으면 자신들이 무서운 존재가 된다고 믿는 거라고."

남들에게 상처를 주는 사람을 너무 미워하지 말고 가련하게 봐주면 좋겠어요.
자신을 지키기 위해 그런 안타까운 행동을 하는 거니까요.

Date_____ . ____ . ____ .

"I know a planet where there is a certain red-faced gentleman. He has never smelled a flower. He has never looked at a star. He has never loved anyone. He has never done anything in his life but add up figures. And all day he says over and over, just like you: 'I am a serious man! I am a serious man!' And that makes him swell up with pride. But he is not a man—he is a mushroom!"

"나는 시뻘건 얼굴의 신사가 살고 있는 별을 알아.
그는 꽃향기라고는 맡아본 적이 없어. 별을 바라본 적도 없고,
어느 누구도 사랑해본 적도 없고, 오로지 계산만 하면서 살았어.
그래서 하루 종일 아저씨처럼 '나는 중대한 일을 하는 사람이야.
중대한 일을 하는 사람이야.'라고 되뇌면서 교만으로 가득 차 있어.
하지만 그건 사람이 아니야. 버섯이지!"

목적과 쓸모로만 누군가를 만나는 사람들이 있어요.
어쩌면 그들은 아집의 세계에 갇혀 있는 게 아닐까요?

Date _____ . _____ . _____ .

"If someone loves a flower,
of which just one single blossom grows
in all the millions and millions of stars, it is
enough to make him happy just to look at the
stars. He can say to himself, 'Somewhere,
my flower is there ···' But if the sheep eats
the flower, in one moment all his stars
will be darkened ···"

"수백만 개의 별들 속에 단 하나밖에 존재하지 않는 꽃을
사랑하는 사람이 있다면 그 별들을 바라보는 것만으로도 행복할 수 있어.
'내 꽃이 저기 어딘가에 있겠지…….' 하고 생각할 수 있거든.
하지만 양이 그 꽃을 먹어버린다면 그에게는 갑자기 모든 별들이
사라지는 것과 마찬가지야…….."

당신이 어떤 존재에 의미를 부여하면
그 존재는 당신에게 세상의 전부가 된답니다.
그런 경험이 당신에게 있나요?

Date _____ . _____ . _____ .

Of what importance now was my hammer,
my bolt, or thirst, or death?
On one star, one planet, my planet, the Earth,
there was a little prince to be comforted.

망치도, 나사도, 갈증도, 죽음도 모두 우습게 여겨졌다.
어떤 별, 어떤 떠돌이별 위에, 나의 별, 이 지구에
위로해줘야 할 한 어린 왕자가 있는 것이었다.

꽉 붙잡고 있던 일들이 누군가를 만나고부터 의미 없어진 적이 있나요?
그때 깨닫게 돼요. 그 존재를 진짜 사랑한다는 것을.

Date _____ . _____ . _____ .

One day, from a seed blown from no one knew where, a new flower had come up.
The little prince, who was present at the first appearance of a huge bud, felt at once that some sort of miraculous apparition must emerge from it.

그 꽃은 어딘지 모르는 곳에서 날아온 씨앗으로부터 어느 날 싹이 텄다.
커다란 꽃망울이 맺히는 것을 지켜보고 있던 어린 왕자는
거기서 어떤 기적 같은 것이 나타나리라 예감했다.

기적은 그냥 오지 않아요.
당신이 할 수 있는 모든 노력을 하고 기다릴 때 비로소
기적처럼 오는 거예요.

Date _____ . _____ . _____ .

Then she forced her cough a little more so
that he should suffer from remorse
just the same.
So the little prince, in spite of all the good
will that was inseparable from his love,
had soon come to doubt her.
He had taken seriously words which were
without importance, and it made him very
unhappy.

그 꽃은 어린 왕자에게 가책을 느끼게 하려고 더 심하게 기침을 했다.
그리하여 어린 왕자는 사랑에서 우러나온 호의를 가졌음에도
꽃을 의심하기 시작했다.
그 아이는 대수롭지 않은 말들을 심각하게 받아들이고
몹시 불행해져버렸다.

사랑은 아름답지만, 사랑의 언어는 이해하기가 참 힘들어요.
변덕스럽고, 교만하며, 상대방을 의심하게 만들기도 하지요.

Date _____ . _____ . _____ .

"I ought not to have listened to her.
One never ought to listen to the flowers.
One should simply look at them and breathe their fragrance.
Mine perfumed all my planet. But I did not know how to take pleasure in all her grace."

"꽃의 말을 듣지 말아야 했어. 꽃들의 말에
절대로 귀 기울이면 안 돼. 바라보고 향기만 맡아야 해.
내 꽃은 내 별을 향기로 뒤덮었지만
나는 그것을 즐길 줄 몰랐어."

사랑하는 사람의 진심을 못 보고 말이나 행동을 오해했던 적이 있나요?
사랑이 서투르면 그럴 수도 있답니다.

Date _____ . _____ . _____ .

"The fact is that I did not know how to understand anything! I ought to have judged by deeds and not by words."

"그때 나는 아무것도 몰랐어.
꽃의 말이 아니라 행동을 보고 판단해야 했어."

당신의 취향에 맞게 상대를 길들이는 것이 아니라
있는 그대로 조건없이 받아들이는 것.
그것이 진정한 관계 맺음이 아닐까요?

Date _____ . _____ . _____ .

"She cast her fragrance and her radiance over me. I ought never to have run away from her…"

"그 꽃은 나에게 향기를 선사했고 내 마음을 환하게 해주었어.
결코 도망치지 말았어야 했는데······."

좋았던 관계가 틀어졌을 때 당신은 어떻게 하나요?
관계에서 도망치나요, 아니면 회복하기 위해 노력하나요?

Date _____ . _____ . _____ .

"I ought to have guessed all the affection that lay behind her poor little stratagems. Flowers are so inconsistent! But I was too young to know how to love her···"

"그 가련한 잔꾀 뒤에 애정이 숨어 있다는 걸 알아차렸어야 했어.
꽃들은 그렇게 모순된 존재거든!
난 너무 어려서 그 꽃을 사랑할 줄 몰랐던 거야."

한번 마음을 준 관계에 대해서는
끝까지 그 감정에 대해 책임을 져야 해요.
하지만 참 어려운 일 같아요.

Date _____ . _____ . _____

When he watered the flower
for the last time, and prepared to place
her under the shelter of her glass globe,
he realized that he was very close to tears.
"Goodbye," he said to the flower.
The flower coughed. But it was not because
she had a cold.
"I have been silly. I ask your forgiveness.
Try to be happy···"

그 꽃에 마지막으로 물을 주고 유리 덮개를 씌워주려는 순간,
어린 왕자는 울고 싶은 심정이었다.
"잘 있어." 어린 왕자가 꽃에게 말했다.
꽃은 기침을 했다. 하지만 그것은 감기 때문이 아니었다.
"내가 어리석었어. 용서해줘. 행복해지길 바랄게."

어린 왕자는 가시 속에 숨겼던 장미의 마음을 알지 못했고,
장미는 사랑을 표현하는 데 서툴렀어요.
이런 경험이 당신에게도 있나요?

_____

_____

_____

_____

_____

_____

Date _____ . _____ . _____

"Of course I love you. It is my fault that you were not aware of it. That is of no importance. But you — you have been just as foolish as I."

"물론 난 너를 좋아해. 내가 잘못해서 넌 그걸 전혀 몰랐지.
아무래도 좋아. 하지만 너도 나만큼 어리석었어."

사랑은 표현하는 것도 중요해요.
사랑이 떠난 후 뒤늦게 후회하니까요.

Date _____ . _____ . _____

"Well, I must endure the presence of two or three caterpillars if I wish to become acquainted with the butterflies. It seems that they are very beautiful. And if not the butterflies — and the caterpillars — who will call upon me? You will be far away…"

"나비를 알고 싶으면 두세 마리의 쐐기벌레는 견뎌야 해.
나비는 엄청 아름답겠지. 나비가 아니면 누가 나를 찾아주겠어?
너는 멀리 있겠지……."

자신을 있는 그대로 이해해주던 어린 왕자가 떠났을 때
장미꽃은 절망해요. 하지만 어린 왕자에게 받았던
사랑의 힘으로 다시 일어서지 않을까요?

Date _____ . _____ . _____

"Don't linger like this. It's annoying. You have decided to go away. Now go!"
For she did not want him to see her crying.
She was such a proud flower.

"그렇게 우물쭈물하고 있지 마. 신경질 나. 떠나기로 결심했잖아. 어서 가."
꽃은 울고 있는 모습을 어린 왕자에게 보이고 싶지 않았다.
그토록 자존심이 강한 꽃이었다.

관계가 끝났을 때 이렇게 말하는 사람이 있어요.
'내가 너에게 얼마나 헌신적이었는데 네가 날 떠나다니.'
하지만 이것은 상대에게 죄책감을 주어
내 곁에 붙들어 매려는 몸부림이에요.

Date _____ . _____ . _____ .

"Then you shall judge yourself.
That is the most difficult thing of all.
If you succeed in judging yourself rightly,
then you are indeed a man of true wisdom,"
the king answered.

"그럼 네 자신을 심판하거라. 그것이 가장 어려운 일이니라.
네가 너 스스로를 올바르게 심판할 수 있다면,
그건 네가 참으로 지혜로운 사람이기 때문이니라." 왕이 말했다.

스스로를 심판해본 적이 있나요?
그것만큼 어려운 일은 아마 없을 거예요.

Date _____ . ____ . ____ .

"What does that mean — 'admire'?"
"To admire means that you regard me as the handsomest, the best-dressed, the richest, and the most intelligent man on this planet," said the conceited man.
"But you are the only man on your planet!"
"Do me this kindness. Admire me just the same."
"I admire you. But what is there in that to interest you so much?"

"찬양한다는 게 무슨 뜻이야?"
"찬양한다는 건 내가 이 별에서 가장 잘 생기고,
가장 옷을 잘 입고 가장 부자고, 가장 똑똑하다고 인정해주는 거지."
허영꾼이 말했다.
"하지만 이 별엔 아저씨밖에 없잖아!"
"나를 기쁘게 해줘. 그래도 나를 찬양해줘."
"아저씨를 찬양해. 그런데 그게 아저씨에게 무슨 상관이 있지?"

찬양을 원하는 사람은 사랑받고 싶어서,
버림받을까 봐 두려워서 끊임없이 확인받으려는 게 아닐까요?
참 안타까운 일이에요.

Date _____ . _____ . _____ .

"Why are you drinking?"
"So that I may forget," replied the drunkard.
"Forget what?"
"Forget that I am ashamed."
"Ashamed of what?"
"Ashamed of drinking!" The drunkard brought his speech to an end, and shut himself up in an impregnable silence.

"왜 술을 마셔?"
"잊기 위해서지." 술꾼이 대답했다.
"무엇을 잊기 위해서?"
"부끄럽다는 걸 잊기 위해서지."
"뭐가 부끄럽다는 거야?"
"술을 마시는 게 부끄러워!" 이렇게 말하고 술꾼은 입을 다물어버렸다.

술을 마시는 이유와 술을 끊지 못하는 이유가 악순환되는 사람,
이런 사람이 주위에 있다면 너그럽게 품어주시길.

Date _____ . _____ . _____ .

"And what do you do with five-hundred millions of stars?"
"Nothing. I own them," replied the businessman.
"And what good does it do you to own the stars?"
"It does me the good of making me rich."
"And what good does it do you to be rich?"
"It makes it possible for me to buy more stars, if any are discovered."

"5억의 별들을 가지고 무슨 일을 하는 거야?"
"아무것도 하는 것 없어. 그냥 그것들을 갖는 거야." 사업가가 대답했다.
"그럼 그 별들을 갖는 게 아저씨에게 무슨 소용이 있어?"
"부자가 되는 거지."
"부자가 되는 게 무슨 소용이 있어?"
"누군가 다른 별들을 발견하면 그걸 사는 데 쓰이지."

온전한 사랑을 해보지 못한 사람은 늘 마음이 공허해요.
그래서 다른 것으로 빈 자리를 채우려고 하지요.

Date _____ . _____ . _____ .

"I myself own a flower, which I water every day. I own three volcanoes, which I clean out every week.
It is of some use to my volcanoes, and it is of some use to my flower, that I own them. But you are of no use to the stars···"

"나는 말이야. 꽃을 한 송이 가지고 있는데 매일 물을 줘.
세 개의 화산도 가지고 있어서 매주 그을음을 청소해주지.
내가 그들을 가지고 있는 건 내 화산들에게나 꽃에게 유익한 일이야.
하지만 아저씨는 별들에게 유익하지 않잖아……."

사랑하는 이유는 행복해지기 위해서가 아닐까요?
그래서 사랑은 이타적이면서 이기적인 것 같아요.

Date _____ . _____ . _____ .

"He is the only one of them all who does not seem to me ridiculous. Perhaps that is because he is thinking of something else besides himself."

"우스꽝스럽게 보이지 않는 사람은 저 사람뿐이야.
그건 저 사람이 자기 자신이 아닌
다른 일에 전념하기 때문일 거야."

'나'만 생각하는 사람들 속에서 '너'를 생각하며
희생하는 등대지기는 어쩌면 당신의 모습이 아닐까요?

Date _____ . _____ . _____ .

"I have also a flower."
"We do not record flowers," said the geographer.
"Why is that? The flower is the most beautiful thing on my planet!"
"We do not record them because they are ephemeral."

"나에겐 꽃 한 송이도 있어."
"우린 꽃은 기록하지 않아." 지리학자가 말했다.
"왜? 그게 제일 예쁜데!"
"꽃들은 덧없는 존재니까."

___

애를 썼는데 보람이 없을 때 '덧없다'고 말하지요.
그것은 과정보다 결과를 중요하게 여기는 말인 것 같아요.
하지만 삶은 과정의 순간이 모여 만들어지는 게 아닐까요?

___

Date _____ . _____ . _____ .

"But what does that mean — 'ephemeral'?" repeated the little prince, who never in his life had let go of a question, once he had asked it.

"It means, 'which is in danger of speedy disappearance.'"

"My flower is ephemeral, and she has only four thorns to defend herself against the world. And I have left her on my planet, all alone!"

"'덧없는 존재'라는 게 뭐지?"
한번 한 질문을 결코 포기해본 적이 없는 어린 왕자가 다시 물었다.
"그건 '머지않은 장래에 사라져버릴 위험에 처해 있다'는 뜻이야."
"내 꽃은 덧없는 존재야. 겨우 네 개의 가시로 세상으로부터 자신을 보호하고 있어. 그런데 나는 그 꽃을 내 별에 홀로 두고 왔어!"

생명이 있는 존재는 언젠가는 사라집니다.
덧없음이 있기에 존재의 소중함을 알게 되는 게 아닐까요?

Date _____ . _____ . _____ .

The Earth is not just an ordinary planet! One can count, there, one hundred eleven kings (not forgetting, to be sure, the African kings among them), seven thousand geographers, nine hundred thousand businessmen, seven and a half million drunkards, three hundred eleven million conceited men — that is to say, about two billion grown-ups.

지구는 그저 그런 보통의 별이 아니었다! 그곳에는 111명의 왕
(물론 흑인 나라의 왕을 포함해서)과 7천 명의 지리학자와 90만 명의 실업가,
7백5십만 명의 술주정뱅이, 3억1천1백만 명의 허영심 많은 사람들,
즉 20억쯤 되는 어른들이 살고 있었다.

권력을 추구하고 교만, 찬양, 자기 연민에 빠진 사람들이 사는 지구별.
당신은 그 별에서 어떤 사람을 제일 많이 만났나요?

Date _____ . _____ . _____

"Look at my planet. It is right there above us. But how far away it is!"

"It is beautiful," the snake said. "What has brought you here?"

"I have been having some trouble with a flower."

"내 별을 바라봐. 바로 우리 위에 있어. 그런데 어쩌면 저렇게 멀리 있지!"
"아름답구나. 여긴 뭐 하러 왔니?" 뱀이 물었다.
"난 어떤 꽃이랑 문제가 있어."

사랑은 황홀한 순간을 선사하지만 고통의 시간도 주지요.
고통을 피하지 않고 온전히 맞이할 때 진짜 사랑을 할 수 있지 않을까요?

Date _____ . _____ . _____

"Where are all the men?
It is a little lonely in the desert..."
"It is also lonely among men," the snake said.

"사람들은 어디 있지? 사막에선 좀 외롭구나."
"사람들 틈에서도 외롭기는 마찬가지야."
뱀이 말했다.

Date _____ . _____ . _____

"You move me to pity — you are so weak on this Earth made of granite.
I can help you, some day,
if you grow too homesick for your own planet.
I can ...," said the snake.

"네가 측은해 보이는구나.
그렇게 연약한 몸으로 이 돌투성이의 지구에 와 있으니.
네 별이 몹시 그리울 때면 언제든지 내가 너를 도와줄 수 있어.
난……." 뱀이 말했다.

사람들은 뱀을 혐오스런 존재로 보고 피해요.
그러나 어린 왕자는 지혜를 주는 존재로 여기지요.
겉으로 드러나는 모습이 아닌 내면 세계에 집중할 때
상대의 참모습을 발견하게 되는 것 같아요.

"Where are the men?" the little prince asked, politely.
"Men? I saw them, several years ago.
But one never knows where to find them.
The wind blows them away. They have no roots, and that makes their life very difficult,"
said the flower.

"사람들은 어디 있니?" 어린 왕자가 공손히 물었다.
"사람들이라고? 몇 년 전에 그들을 본 적이 있어.
하지만 그들이 지금 어디 있는지는 모르겠어.
그들은 바람결에 불려 다니거든. 그들은 뿌리가 없어서 몹시 곤란을 겪지."
꽃이 말했다.

삶의 목적과 의미는 무엇을 소유하는 데 있는 게 아니라
무엇을 위해 사는가에 있지 않을까요?

Date _____ . _____ . _____

"Who are you?" said the little prince.
"Who are you — Who are you — Who are you?" answered the echo.
"Be my friends. I am all alone," he said.
"I am all alone — all alone — all alone," answered the echo.

"너는 누구지?" 어린 왕자가 말했다.
"너는 누구지…… 너는 누구지…… 너는 누구지…….." 메아리가 대답했다.
"내 친구가 되어줘. 나는 외로워." 그가 말했다.
"나는 외로워…… 나는 외로워…… 나는 외로워…….." 메아리가 대답했다.

고독을 깊이 경험해본 사람은 알아요.
자신의 목소리만 메아리로 들린다는 걸.
그리고 자신을 찾는 길을 떠나게 된다는 걸.

Date _____ . _____ . _____ .

But it happened that after walking for a long time through sand, and rocks, and snow, the little prince at last came upon a road. And all roads lead to the abodes of men.

어린 왕자는 모래와 바위와 눈을 오랫동안 걸어간 끝에
드디어 길 하나를 발견했다.
모든 길은 사람들이 있는 곳으로 통하는 법이다.

한 사람이 먼저 가고 그 발자국을 따라 걷는 사람이
많아지면 그것이 곧 길이 됩니다.
희망도 마찬가지예요.

Date _____ . _____ . _____ .

"We are roses."

And he was overcome with sadness.

His flower had told him that she was the only one of her kind in all the universe. And here were five thousand of them, all alike, in one single garden!

"우리는 장미꽃이야."
그 말을 들은 어린 왕자는 자신이 너무 불행하게 느껴졌다.
이 세상에 자기와 같은 꽃은 하나뿐이라고 그의 꽃은 말했었다.
그런데 정원 하나 가득히 똑같은 꽃들이 5천 송이는 있어 보였다!

세상에서 제일 특별하다고 생각했던 존재가
어느 날 평범하다는 걸 깨닫게 되는 순간,
슬픔과 허무함이 찾아오지요.

Date _____ . _____ . _____

"She would be very much annoyed,
if she should see that … She would cough
most dreadfully, and she would pretend
that she was dying, to avoid being laughed at.
And I should be obliged to pretend
that I was nursing her back to life — for if
I did not do that, to humble myself also, she
would really allow herself to die …"

"내 꽃이 이걸 보면 몹시 상심할 거야. 창피한 모습을 보이지 않으려고
기침을 심하게 해대면서 죽는 시늉을 할 거야.
그럼 난 간호해주는 척을 해야겠지.
그러지 않으면 내게 죄책감을 주려고 정말로 죽어버릴지도 몰라……."

사랑하는 사람을 곁에 붙잡고 싶어서 상처를 주는
사람들이 있어요. 그건 집착이에요. 사랑이 아니지요.

Date _____ . ____ . ____ .

"I thought that I was rich, with a flower that was unique in all the world; and all I had was a common rose. A common rose, and three volcanoes that come up to my knees — and one of them perhaps extinct forever···
That doesn't make me a very great prince···"

"이 세상에 오직 하나뿐인 꽃을 가졌으니 부자인 줄 알았는데
내가 가진 꽃은 그저 평범한 한 송이 꽃이었어.
그 꽃과 그중 하나는 영영 불이 꺼져버렸는지도 모를, 내 무릎까지 오는
화산 세 개로, 내가 굉장히 위대한 왕자는 될 수는 없어…….."

어린 왕자는 세상에서 유일하다고 생각했던 장미가
평범하고 흔한 장미라는 것을 알고 절망해요.
그 순간, 자신의 사랑이 영원한 게 아님을 깨닫지요.
사랑은 나의 민낯을 알게 해주는 강력한 힘인 것 같아요.

Date _____ . _____ . _____ .

"Come and play with me," proposed
the little prince. "I am so unhappy."
"I cannot play with you," the fox said.
"I am not tamed."

"이리 와서 나와 놀자. 난 지금 정말로 슬프단다……."
어린 왕자가 제안했다.
"난 너와 함께 놀 수 없어." 여우가 말했다.
"나는 길들여져 있지 않으니까."

원한다고 해서 쉽게 얻을 수 없는 게 사람의 마음 같아요.
마음을 얻으려면 오랜 정성과 겹겹의 시간,
그리고 깊은 사랑이 있어야 해요.

Date _____ : _____ : _____ .

"What does that mean — 'tame'?"
"It is an act too often neglected,"
said the fox. "It means 'to establish ties'."

"길들인다는 게 무슨 뜻이야?"
"모두들 너무나 잊고 있는 거지. 그건 '관계를 맺는다'는 뜻이야."
여우가 말했다.

길들인다는 것은 상대의 전부를 자신의 마음에
오롯이 받아들이는 행위 같아요.

Date _____ . _____ . _____ .

"To you, I am nothing more than a fox like a hundred thousand other foxes. But if you tame me, then we shall need each other. To me, you will be unique in all the world. To you, I shall be unique in all the world…"

"난 너에게 수천 마리의 다른 여우와 똑같은 한 마리 여우에 지나지 않아.
하지만 네가 나를 길들인다면 우리는 서로를 필요로 하게 될 거야.
너는 내게 세상에서 유일한 존재가 되고,
너는 나에게 이 세상에 오직 하나밖에 없는 존재가 될 거야."

Date _____ . _____ . _____ .

"But if you tame me, it will be as if the sun came to shine on my life. I shall know the sound of a step that will be different from all the others."

"하지만 네가 나를 길들인다면 내 삶은 밝아질 거야.
다른 모든 발자국 소리와 구별되는 발자국 소리를 나는 알게 되겠지."

당신이 간절하게 기다리는 발자국 소리가 지금 있나요?

Date _____ . _____ . _____ .

"The wheat fields have nothing to say to me.
But you have hair that is the color of gold.
Think how wonderful that will be when
you have tamed me! The grain, which is also
golden, will bring me back the thought of you.
And I shall love to listen to the wind in the
wheat …"

"밀밭은 나에게 아무것도 생각나게 하지 않아.
그런데 너는 금빛 머리카락을 가졌어. 네가 나를 길들인다면 정말 굉장할 거야.
밀은 금빛이니까 밀밭은 너를 생각나게 하겠지.
그리고 나는 밀밭 사이를 스치는 바람 소리를 사랑하게 될 거야."

Date _____ . _____ . _____ .

"One only understands the things that one tames."

"우리는 우리가 길들이는 것만 알 수 있단다."

'사랑하면 알게 되고, 알게 되면 보이나니,
그때 보이는 것은 전과 같지 않으리라.'
조선 시대 문인이 남긴 이 말이 떠오르네요.

Date _____ . _____ . _____ .

"Men have no more time to understand anything. They buy things all ready made at the shops. But there is no shop anywhere where one can buy friendship, and so men have no friends anymore. If you want a friend, tame me …"

"사람들은 이제 무엇도 알 시간이 없어졌어.
그들은 가게에서 이미 만들어져 있는 것들을 사거든.
그런데 친구를 파는 가게는 없어. 친구를 원한다면 날 길들여줘."

'쓸모 있음'이 아닌 '쓸모 없음'에서 관계를 키워간다면
물질로 바꿀 수 없는 고귀한 관계가 만들어지지 않을까요?

Date _____ . _____ . _____ .

"You must be very patient. First you will sit down at a little distance from me — like that — in the grass. I shall look at you out of the corner of my eye, and you will say nothing. Words are the source of misunderstandings. But you will sit a little closer to me, every day …"

"참을성이 있어야 해. 우선 내게서 좀 떨어져서 이렇게 풀밭에 앉아 있어.
난 너를 곁눈질해 볼 거야. 넌 아무 말도 하지 마, 말은 오해의 근원이니까.
날마다 넌 조금씩 더 가까이 다가앉을 수 있게 될 거야……."

사랑하는 사람을 만났을 때 지켜야 할 게 있어요.
너무 멀지도 가깝지도 않게 거리를 두고 인내심을 가지고 기다려야 해요.
그리고 섣부른 말은 하면 안 된답니다.

Date _____ . _____ . _____ .

"If, for example, you come at four o'clock in the afternoon, then at three o'clock I shall begin to be happy. I shall feel happier and happier as the hour advances. At four o'clock, I shall already be worrying and jumping about. I shall show you how happy I am!"

"만약 네가 오후 4시에 온다면 나는 3시부터 행복해지기 시작할 거야.
시간이 갈수록 난 점점 더 행복해지겠지. 4시에는 흥분해서 안절부절못할 거야.
그래서 행복이 얼마나 값진 것인지 알게 되겠지."

아, 누군가 당신을 이토록 간절히 원하다면,
우주보다 더 큰 세상을 얻게 되겠지요.

Date _____ . _____ . _____ .

"What is a rite?" asked the little prince. "They are what make one day different from other days, one hour from other hours," said the fox.

"의식(儀式)이 뭐야?" 어린 왕자가 물었다.
"그건 어느 하루를 다른 날들과 다르게 만들고,
어느 한 시간을 다른 시간들과 다르게 만드는 거지." 여우가 말했다.

리추얼(Ritual)이라는 말을 아세요? 내 의지로 만드는 의식·의례를 뜻해요.
그것은 습관과는 조금 다른 개념이에요.
소중한 만남을 위한 당신만의 리추얼을 만들어보면 어떨까요?

Date _____ . _____ . _____

"Go and look again at the roses.
You will understand now that yours is unique
in all the world."

"정원의 장미꽃들을 다시 봐.
너는 너의 장미꽃이 이 세상에 오직 하나뿐이라는 걸 깨닫게 될 거야."

당신에게 '장미'가 있나요?
'온 세상을 다 뒤져도 너보다 사랑할 가치가 있는
존재는 찾을 수 없었어.'라고 말할 수 있는.

Date _____ . _____ . _____ .

"He was only a fox like a hundred thousand other foxes. But I have made him my friend, and now he is unique in all the world."

"그는 십만 마리의 다른 여우들과 똑같은 여우일 뿐이었어.
하지만 내가 그를 친구로 삼았기 때문에
그는 이제 이 세상에서 오직 하나뿐인 여우가 되었어."

Date _____ . _____ . _____ .

"You are beautiful,
but you are empty."

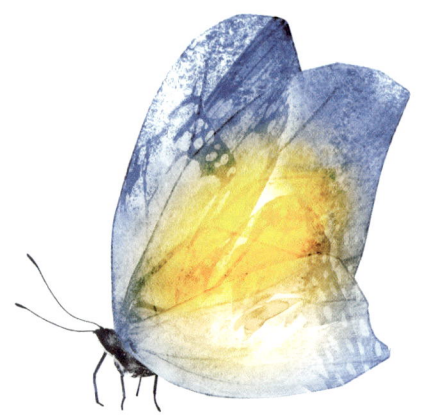

"너희들은 아름답지만 텅 비어 있어."

조화는 생화보다 더 선명하고 아름다운 색채를 띠지요.
하지만 꿀벌과 나비가 찾아들지 않아요. 겉모습만 화려할 뿐
속이 비어 있기 때문이지요.

Date _____ . _____ . _____ .

"But in herself alone she is more important than all the hundreds of you other roses: Because it is she that I have listened to, when she grumbled, or boasted, or ever sometimes when she said nothing. Because she is my rose."

"하지만 그 장미꽃 한 송이가 내게는 너희들 모두보다 더 소중해. 불평을 하거나 자랑을 늘어놓는 것을, 또 때로는 말없이 침묵을 지키는 것을 내가 귀기울여 들어준 것은 그 꽃이기 때문이지. 그건 내 꽃이기 때문이야."

의미 있는 관계는 두 사람을 보편적 존재에서 개별적 존재로, 일반적 존재에서 특별한 존재로 바꿔놓지요.

Date _____ . _____ . _____

"And now here is my secret, a very simple secret: It is only with the heart that one can see clearly; what is essential is invisible to the eye."

"내 비밀은 이런 거야. 아주 단순하지.
오로지 마음으로 보아야 잘 보인다는 거야.
가장 중요한 건 눈에 보이지 않는단다."

Date _____ . _____ . _____ .

"It is the time that you have devoted to her that makes your rose so important."

"너의 장미꽃을 그토록 소중하게 만드는 건
네가 그 꽃을 위해 보낸 그 시간 때문이야."

꽃이 아름다운 건, 자신의 모든 것을 쏟아 꽃을 피웠기 때문이에요.
그 숭고한 시간이 있었기에 꽃이 찬란한 거예요.

Date _____ . _____ . _____ .

"You become responsible, forever, for what you have tamed. You are responsible for your rose …"

"너는 네가 길들인 것에 영원히 책임이 있어.
너는 네 장미꽃에 책임이 있는 거야."

쉽게 관계를 끊지 말자고요.
관계를 맺기까지 쏟았던 서로의 시간과 책임을 잊지 말아요.

Date _____ . _____ . _____ .

"No one is ever satisfied where he is," said the switchman.

"사람들은 자신들이 있는 곳에서 절대로 만족하지 않는단다."
전철수가 말했다.

지금, 당신의 마음은 어디로 향하고 있나요?

Date _____ . _____ . _____

"Only the children know
what they are looking for."

"어린아이들만이
자신들이 무엇을 찾고 있는지를 알아."

관습이 시키는 대로 따라하기만 하면 진실을 보는 눈을 얻을 수 없어요.
근육과 마찬가지로, 내면을 보는 힘을 스스로 키워야 해요.

Date _____ . _____ . _____

"As for me, if I had fifty-three minutes to spend as I liked, I should walk very slowly toward a spring of fresh water."

"만일 나에게 마음대로 사용할 53분이 있다면
우물을 향해 천천히 걸어갈 텐데."

당신에게 53분이 허락된다면 무엇을 제일 먼저 하고 싶나요?
지혜의 샘을 찾는 데 쓰고 싶진 않나요?

Date_____ . _____ .

"It is a good thing to have had a friend, even if one is about to die. I, for instance, am very glad to have had a fox as a friend…"

"죽어간다 할지라도 친구를 갖게 된 건 좋은 일이야.
난 여우 친구를 갖게 된 게 기뻐…….″

온 세상을 가진 것보다 진실된 친구를 얻는 일이 제일 힘든 것 같아요.
그래서 우리는 참된 우정을 찾아 헤매는 게 아닐까요?

Date _____ . _____ . _____ .

One sits down on a desert sand dune, sees nothing, hears nothing. Yet through the silence something throbs and gleams···

사막에서는 모래 둔덕 위에 앉으면
아무것도 보이지 않고 아무 소리도 들리지 않는다.
그러나 무엇인가 침묵 속에서 빛나는 것이 있다.

소중한 건 제일 절박할 때 발견하는 것 같아요.
그래서 사막 속에 오아시스가 숨겨져 있는 게 아닐까요?

Date _____ . _____

"What makes the desert beautiful is that somewhere it hides a well…"

"사막이 아름다운 건 어딘가에 우물을 감추고 있기 때문이야."

당신 마음속에 우물이 있어요.
지금 당신의 마음이 메말라 있다면 멀리서 찾지 마세요.
감춰진 마음 속 우물을 발견하세요.

Date _____ . _____ . _____ .

"Yes, the house, the stars, the desert—what gives them their beauty is something that is invisible!"

"그래, 집이건 별이건 사막이건,
그것들을 아름답게 하는 건
눈에 보이지 않는 법이지."

어둠 속에는 수많은 것이 숨겨져 있어요.
어둠을 노래하고, 어둠에 대한 시를 쓸 때
비로소 어둠 속에 있는 것을 발견할 수 있어요.

Date _____ . _____ . _____ .

"Men, set out on their way in express trains, but they do not know what they are looking for. Then they rush about, and get excited, and turn round and round…"

"사람들은 급행열차에 서둘러 올라타지만
무엇을 찾으러 가는지 몰라.
그래서 초조해하며 제자리에서 맴돌고 있어……."

당신은 어디로 가는 급행열차를 타고 있나요?
무엇을 찾으러 가고 있나요?

Date _____ . _____ . _____ .

"The men where you live grow five thousand roses in the same garden — and they do not find what they are looking for there.
And yet what they are looking for could be found in a single rose, or in a little water."

"아저씨가 사는 별의 사람들은 정원 안에 장미꽃을 5천 송이나 기르지만
자기들이 찾는 걸 거기서 발견하지 못해.
그런데 그들이 찾는 것은 단 한 송이의 꽃이나 물 한 모금에서
발견될 수도 있어."

Date _____ . _____ . _____ .

"The eyes are blind.
One must look with the heart…"

"눈으로는 보지 못해. 마음으로 찾아야 해."

마음으로 보게 되면 거리의 표지판에서도 의미를 발견할 수 있어요.
그렇게 되면 세상 모든 것이 당신에게 신호를 보낼 거예요.

Date _____ . _____ . _____

"You must keep your promise," said the little prince, softly.
"What promise?"
"You know — a muzzle for my sheep ⋯ I am responsible for this flower ⋯"

"약속을 지켜줘야 해." 어린 왕자가 내게 살며시 말했다.
"무슨 약속?"
"약속했잖아. 양에게 굴레를 씌워준다고……
난 그 꽃에 책임이 있어!"

약속을 지키지 못해 후회로 남은 게 있나요?
어떤 약속이었나요?

Date _____ . _____ . _____ .

You run the risk of weeping a little if you let yourself be tamed…

길들여졌을 때는 좀 울게 될 염려가 있는 것이다.

사랑하게 되면 아프게 돼요.
하지만 고통을 두려워하지 마세요.
그 고통이 더 넓은 세계로 당신을 안내할 거니까요.

Date _____ . _____ . _____ .

"You will see where my track begins, in the sand. You have nothing to do but wait for me there. I will be there tonight."

"모래 위의 내 발자국이 어디서 시작되는지를 봐.
거기서 날 기다리면 돼. 내가 오늘 밤 그리로 갈게."

발자국은 당신이 살아 있다는 증거이며 표시입니다.
발자국에는 당신의 의지, 고통, 외로움 등 모든 것이 들어 있어요.

Date _____ . _____ . _____ .

"You have good poison? You are sure that it will not make me suffer too long?"

"네 독은 좋은 거지?
날 오랫동안 고통스럽게 하지 않을 자신이 있지?"

사람을 살리기도 하고 죽이기도 하는 독을 지닌 뱀.
지금의 나를 버리지 않으면, 그 누구도 친구가 될 수 없다는 것을 알려주는 뱀.
나를 놓지 않고서는 그 누구도 사랑할 수 없다는 것을 알려주는 뱀.

Date _____ . _____ . _____ .

"I, too, am going back home today…"
Then, sadly—"It is much farther…
It is much more difficult…"

"나는 오늘 집으로 돌아가……."
그리고 쓸쓸하게 말했다.
"내가 갈 길이 훨씬 더 멀고…… 훨씬 더 어려워……."

잘못됐다는 걸 깨달았을 때 되돌아가는 길을 찾기란
참 어려운 것 같아요.

Date _____ . _____ . _____ .

"If you love a flower that lives on a star, it is sweet to look at the sky at night. All the stars are a-bloom with flowers···"

"어느 별에 사는 꽃 한 송이를 사랑한다면 밤하늘을 보는 게 감미로울 거야. 모든 별들에 꽃이 필 테니까."

사랑하는 존재로 인해 온 세상에
관심을 가지게 된 적이 있나요?
그게 바로 사랑의 확장성이 아닐까요?

Date _____ . _____ . _____ .

"My star will just be one of the stars, for you. And so you will love to watch all the stars in the heavens ··· they will all be your friends."

"내 별은 아저씨에게는 여러 별들 중 하나가 되는 거지.
그러면 아저씨는 어느 별을 바라보더라도 행복해질 거야…….
그 별들은 모두 아저씨의 친구가 될 거니까."

Date _____ . _____ . _____ .

"All men have the stars, but they are not the same things for different people. For some, who are travelers, the stars are guides. For others they are no more than little lights in the sky. For others, who are scholars, they are problems. For my businessman they were wealth."

"사람들은 서로 다른 존재의 별을 가지고 있어.
여행하는 사람에게는 길잡이이고,
어떤 사람에게는 그저 조그만 빛일 뿐이야.
학자에게는 연구해야 할 대상이고,
내가 만난 사업가에게는 금이지."

당신의 별은 당신에게 어떤 존재인가요?

Date _____ . _____ . _____ .

"In one of the stars I shall be living. In one of them, I shall be laughing.
And so, when you look up at the sky at night, it will be as if all the stars were laughing. You —only you—will have stars that can laugh!"

"아저씨가 밤하늘을 바라볼 때면 그 별들 중 하나에 내가 살고 있을 테니까,
내가 그 별들 중 하나에서 웃고 있을 테니까, 모든 별들이 아저씨에게는
웃고 있는 것처럼 보일 거야. 아저씨는 웃을 줄 아는 별들을 갖게 되는 거야!"

Date _____ . _____ . _____ .

"When your sorrow is comforted (time soothes all sorrows) you will be content that you have known me. You will always be my friend."

"아저씨의 슬픔이 가셨을 때는 (시간이 지나면 슬픔은 사라지니까)
나를 알게 된 것을 기뻐하게 될 거야.
아저씨는 언제까지나 나의 친구로 있을 거야."

이별의 슬픔이 걷힌 후 영원한 관계를
발견할 수 있다면 참 행복할 것 같아요.

Date _____ . _____ . _____ .

"It was wrong of you to come. You will suffer. I shall look as if I were dead; and that will not be true ··· But it will be like an old abandoned shell. There is nothing sad about old shells ···"

"아저씨가 온 건 잘못이야. 마음이 아플 텐데. 내가 죽은 듯이 보일 테니까.
정말로 죽는 건 아닌데…….
그렇지만 그건 벗어버린 낡은 껍데기 같을 거야.
낡은 껍데기가 슬플 리 없잖아…….'

죽음의 순간에 슬픔만 있는 게 아니에요.
곳곳에 사랑의 순간이 있답니다.
충분히 사랑한다고 표현한다면, 아름답게 이별할 수 있는 것 같아요.

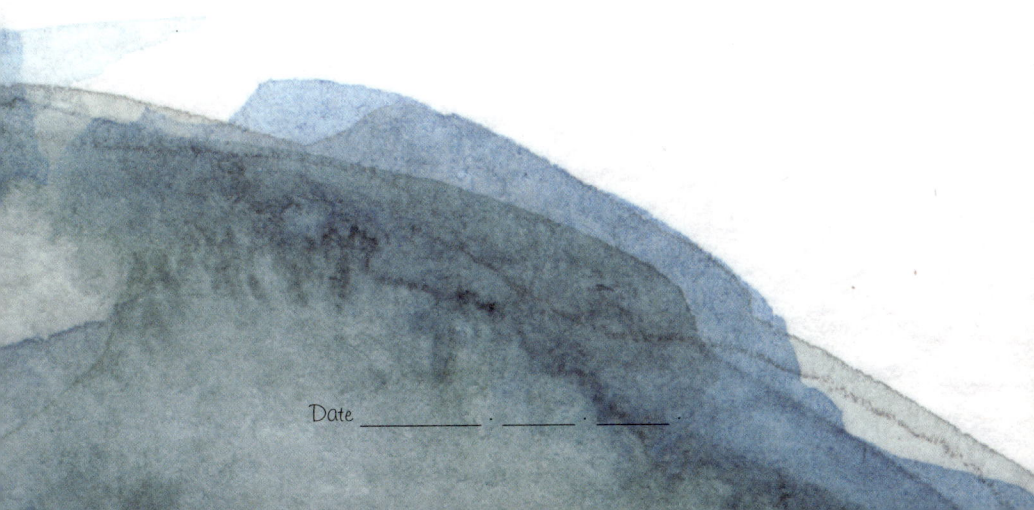

Date _____ . ____ . ____ .

"You know — my flower ··· I am responsible for her. And she is so weak! She is so naive! She has four thorns, of no use at all, to protect herself against all the world ···"

"아저씨…… 내 꽃 말인데…… 나는 그 꽃에 책임이 있어!
더구나 그 꽃은 몹시 연약하거든! 몹시도 순진하고,
별것 없는 네 개의 가시를 가지고 세상으로부터 자기 몸을 보호하려고 해……."

상대에게 책임을 느끼는 순간,
진실된 사랑임을 알게 되는 것 같아요.

Date . .

There was nothing but a flash of yellow close to his ankle. He fell as gently as a tree falls. There was not even any sound, because of the sand.

그 아이의 발목에서 노오란 한 줄기 빛이 반짝했을 뿐이었다.
나무가 쓰러지듯 그 아이는 천천히 쓰러졌다.
모래 때문에 소리조차 들리지 않았다.

죽음의 경험을 통해서만 진정한 변화와
새로운 생명이 가능하다는 암시가 아닐까요?

Date _____ . _____ . _____ .

Here, then, is a great mystery. For you who also love the little prince, and for me, nothing in the universe can be the same if somewhere, we do not know where, a sheep that we never saw has — yes or no? — eaten a rose ⋯
And no grown-up will ever understand that this is a matter of so much importance!

그것은 정말 커다란 수수께끼다.
어린 왕자를 사랑하는 여러분에게는, 나에게도 그렇듯이,
이 세상 어딘가에서 우리가 알지 못하는 한 마리 양이
한 송이의 장미꽃을 먹었느냐 먹지 않았느냐에 따라서
세상이 온통 뒤바뀌게 되는 것이다.
그런데 그것이 그토록 중요하다는 걸 어른들은 아무도 이해하지 못할 것이다.

어떤 존재 때문에 세상이 뒤바뀌는 사랑의 경험,
삶에서 이보다 위대한 깨달음은 없는 것 같아요.

Date _____ . _____ . _____

This is, to me, the loveliest and saddest landscape in the world.
It is here that the little prince appeared on Earth, and disappeared.

이것은 나에게는 이 세상에서 가장 아름답고 가장 슬픈 풍경이다.
어린 왕자가 지상에 나타났다가 다시 사라진 곳이 여기다.

지금, 여기, 이 순간, 어린 왕자의 숨결이 곳곳에 있어요.
그걸 당신이 느끼는 순간, 진실에 눈뜰 거예요.

Date _____ . _____ . _____

어른이 되어
다시 만난 어린 왕자,
어떠셨나요?

옮김 에밀리 윌리엄즈(Emily Williams)
미국에 있는 헨드릭스 대학교(Hendrix College)에서 글로벌 연구와 센트럴 아칸소 대학교(University of Central Arkansas)에서 불어불문학을 전공한 후 연세대학교에서 한국학 석사 과정을 이수했습니다. 한국에서 비즈니스 영어 강사로 일하고 있으며, 세계 각국의 다양한 언어로 출간된 《어린 왕자》 책을 모으는 게 취미입니다.
이 책은 1943년 《어린 왕자》 영어 초판본을 기본으로 하고 프랑스어판을 참고하여 지금은 사용하지 않는 옛말과 의미가 달라진 단어, 문법 등을 현대적으로 바꾸었습니다. 프랑스어판에는 있으나 영어 초판본에는 없는 문장도 되살려 번역했습니다.

영문으로 만나는 1일 1문장
어린 왕자가 건네는 말

1판 1쇄 인쇄 2021년 8월 15일
1판 1쇄 발행 2021년 8월 25일
—
원저 생텍쥐페리
옮김 에밀리 윌리엄즈
—
펴낸이 김은중
편집 허선영 디자인 김순수
펴낸곳 가위바위보
출판 등록 2020년 11월 17일 제 2020-000316호
주소 서울시 마포구 월드컵북로400 5층 8호. (우편번호 03925)
전화 02-3153-1105 팩스 02-6008-5011
전자우편 gbbbooks@naver.com
네이버블로그 gbbbooks 인스타그램 gbbbooks 페이스북 gbbbooks
—
ISBN 979-11-973469-4-1 03860
• 책값은 뒤표지에 있습니다.
• 이 책의 내용을 사용하려면 반드시 저작권자와 출판사의 동의를 얻어야 합니다.
• 잘못된 책은 구입처에서 바꿔 드립니다.

가위바위보 출판사는 나답게 만드는 책, 그리고 다함께 즐기는 책을 만듭니다.